4 Cuties - spose
Parte VI
Italien Edition

Per mio marito

Autore / images / copertura: Tanja M. Feiler

Cutie significa dolce ragazza
ma ha un cane sornione vecchio

È possibile creare profili, andare ai social network, costruire un sito web e tenuto in contatto con i bambini. Ma cosa è successo? Riceverai una mail con auguri inaffidabili per la terapia individuale.

Ma le quattro ragazze hanno Potenza
cantare   la   canzone   Cutie
intorno   lungo
e   freno

Ringrazio in particolare mio marito

date:

appmast.com

21

Puede crear perfiles, van a las redes sociales, construir un sitio web y se mantienen en contacto con los niños. Pero, ¿qué pasó? Usted recibirá correos electrónicos con deseos poco fiables para la terapia individual.

Pero las cuatro chicas tienen Potencia

cantan la canción Cutie

todo el tiempo largo

y partió

Agradezco especialmente a mi esposo

Globalizzazione

Post di Barack Obama e Michelle Obama
Mr. e Mrs. Feiler

Tu e Barack dovrebbe incontrare (2)

Michelle Obama Tanja: Da dove Barack e mi trovo, il
lavoro che fate è inestimabile. Con OFA, sei stato una
parte strumentale dei progressi che abbiamo combattuto
per - cambiamento che sta migliorando la vita delle
persone in tutto th

Un
ich
Mrz 30 um 23:07

Tanja:

Da dove Barack e mi trovo, il lavoro che fate è
inestimabile.

Con OFA, sei stato una parte strumentale dei progressi che
abbiamo combattuto per - cambiamento che sta

29

migliorando la vita delle persone in tutto il paese. Ti verrà dicendo tuoi nipoti circa il ruolo che hai giocato per aiutare il lavoro fatto.

OFA è una forza per così tanti progressi - è perché non si finisce mai organizzare, e tu non hai paura di dire alla gente perché sei parte di questo movimento.

Quelle storie si sommano, e motivare gli altri ad unirsi a voi. Condividi la vostra con OFA oggi, e si potrebbe venire a DC il mese prossimo per incontrare Barack.

Ecco la mia storia: Dopo la laurea in giurisprudenza, ho pensato che ero arrivato. Stavo lavorando in un grande studio legale in un alto edificio in Chicago. Mi è stato sempre un grande stipendio e pagare i miei prestiti agli studenti, e la mia famiglia era così fiero di me.

Ma ben presto ho cominciato a sentire come qualcosa mancava. Ho capito che io non volevo essere in quel grattacielo che rappresenta clienti aziendali. Volevo essere a terra per aiutare la gente del quartiere, dove ero cresciuto. Così ho lasciato quel lavoro studio legale e ha iniziato a lavorare nel governo della città. Alla fine ho liquidata in esecuzione una organizzazione non-profit chiamata alleati pubblici che formato i giovani a servire le loro comunità.

Mia madre pensava che ero pazzo per dare il mio prestigioso studio legale di posti di lavoro, ma ero più felice di quanto ero stato in anni. Mi sono svegliato ogni mattina entusiasta di andare al lavoro, ispirato alle persone con cui lavoravo e le cause che stavano combattendo per.

Ecco, questo è la mia storia, e ora vogliamo sentire la vostra. E farlo subito - domani è l'ultimo giorno per essere automaticamente iscritti per la possibilità di avere OFA host per un incontro con Barack.

Fallo:

http://my.barackobama.com/Share-Your-Moment

Grazie,

Michelle

Barack Obama Tanja - Domani tuo ultimo colpo a questo.
Spero si entra contest di OFA per la possibilità di
incontrare me dietro le quinte il prossimo mese. Se ho la
possibilità, mi piacerebbe dire grazie. Il lavoro che fate, e

Un
ich

Mrz 30 um 07:09

Tanja -

Domani il tuo ultimo colpo a questo.

Spero si entra contest di OFA per la possibilità di
incontrare me dietro le quinte il prossimo mese.

Se ho la possibilità, mi piacerebbe dire grazie.

Il lavoro che fate, e hanno fatto per anni, fa di questo
movimento di base potente. Hai aiutato cambiare che cosa
significa mettersi in gioco e lottare per ciò in cui credi.

Non aspettare - assicuratevi di inserire la possibilità di volare con un ospite a Washington per incontrarsi con me:

http://my.barackobama.com/Have-Your-Moment-Today

Grazie,

Barack Obama

www.ingramcontent.com/pod-product-compliance
Lightning Source LLC
Chambersburg PA
CBHW050918290526
45792CB00002B/801